COLOR
DEL DÍA

LIBRO PARA COLOREAR PARA EL ALIVIO DEL ESTRÉS

Coloring Bandit

Publicado por Speedy Publishing Canada Limited

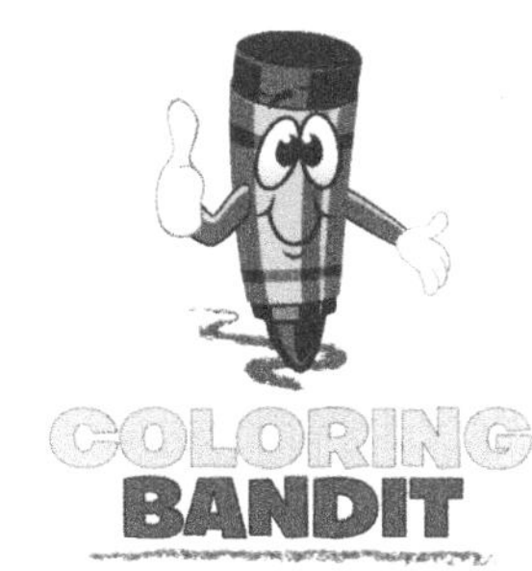

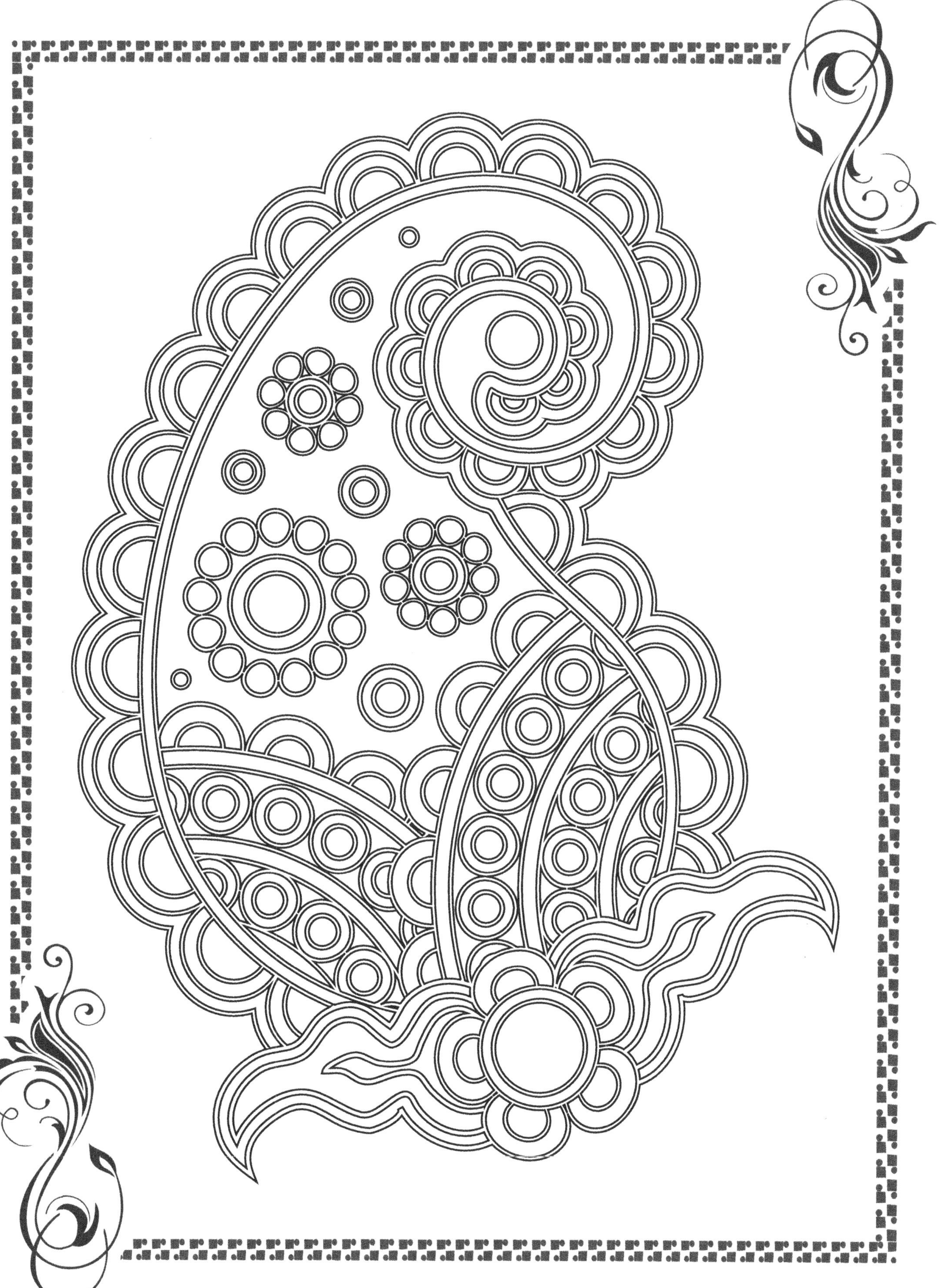

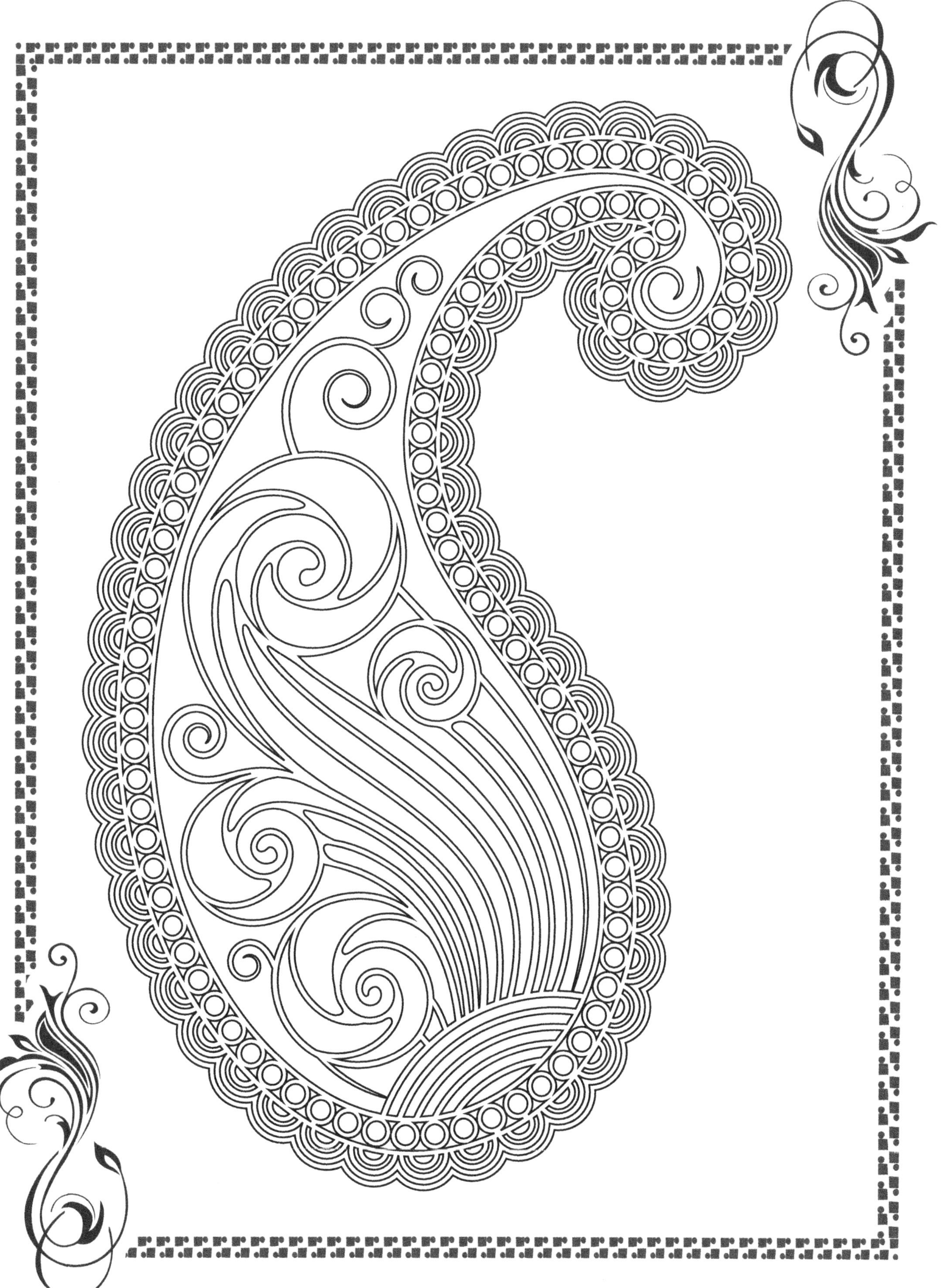

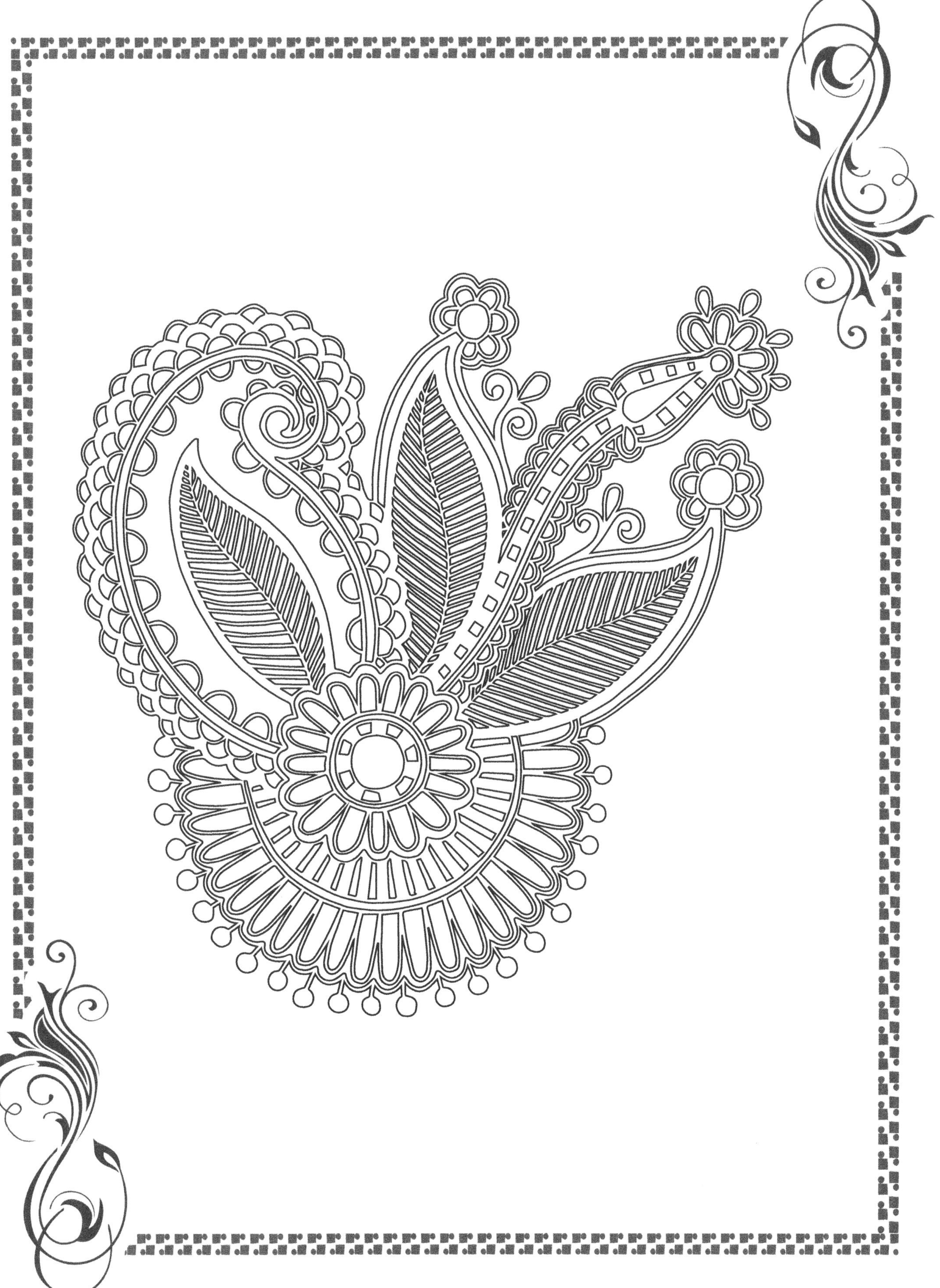

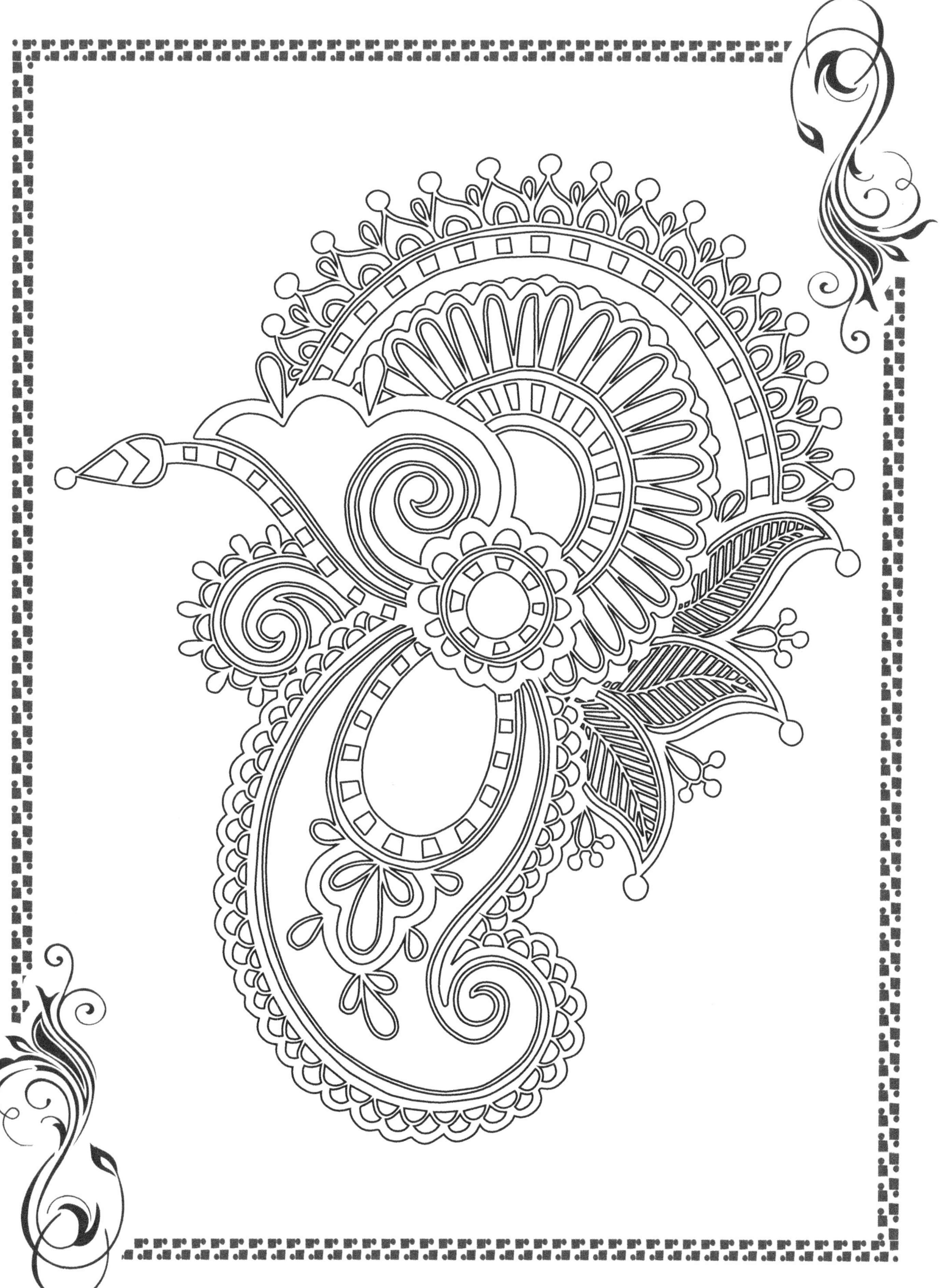

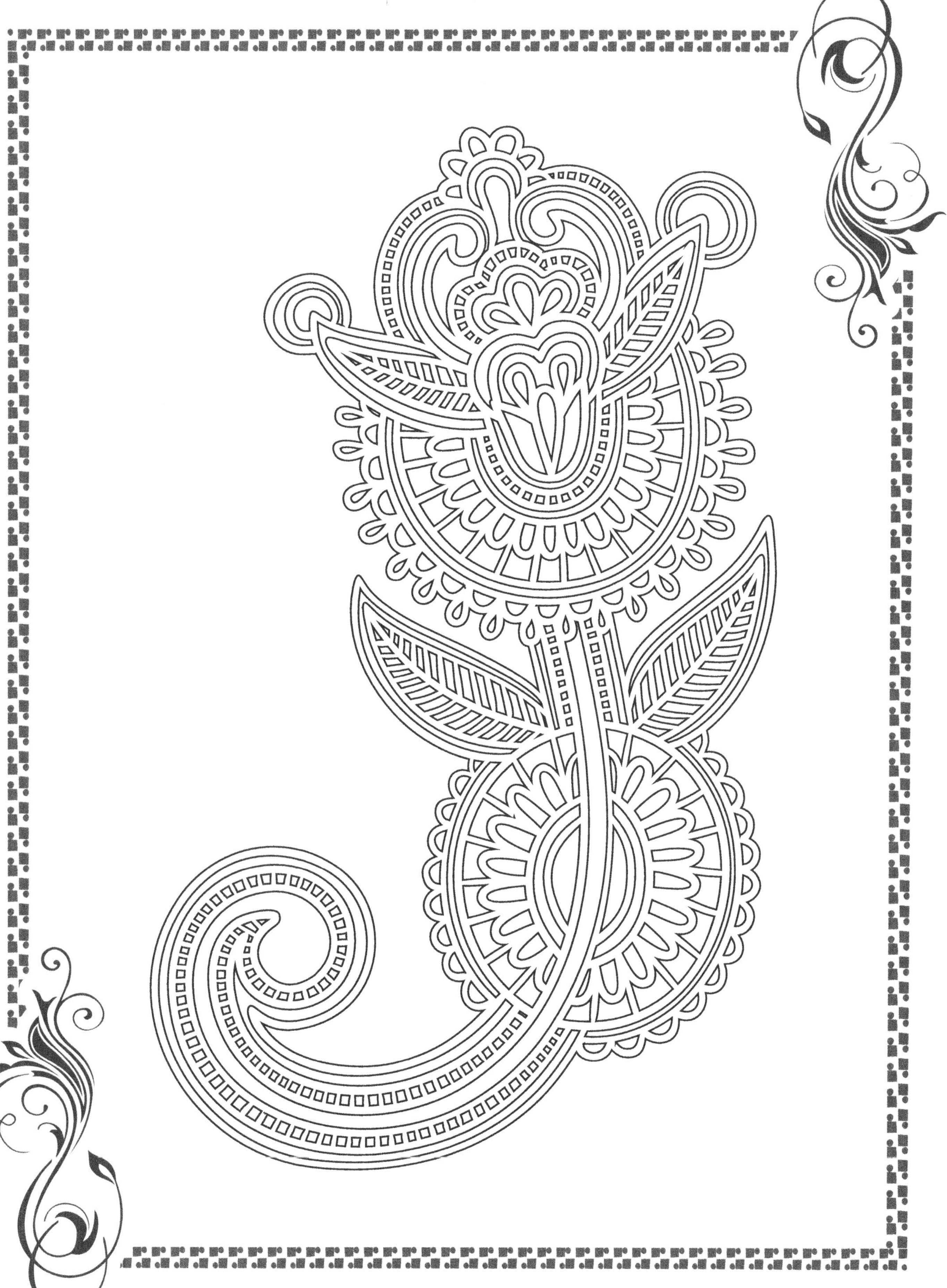

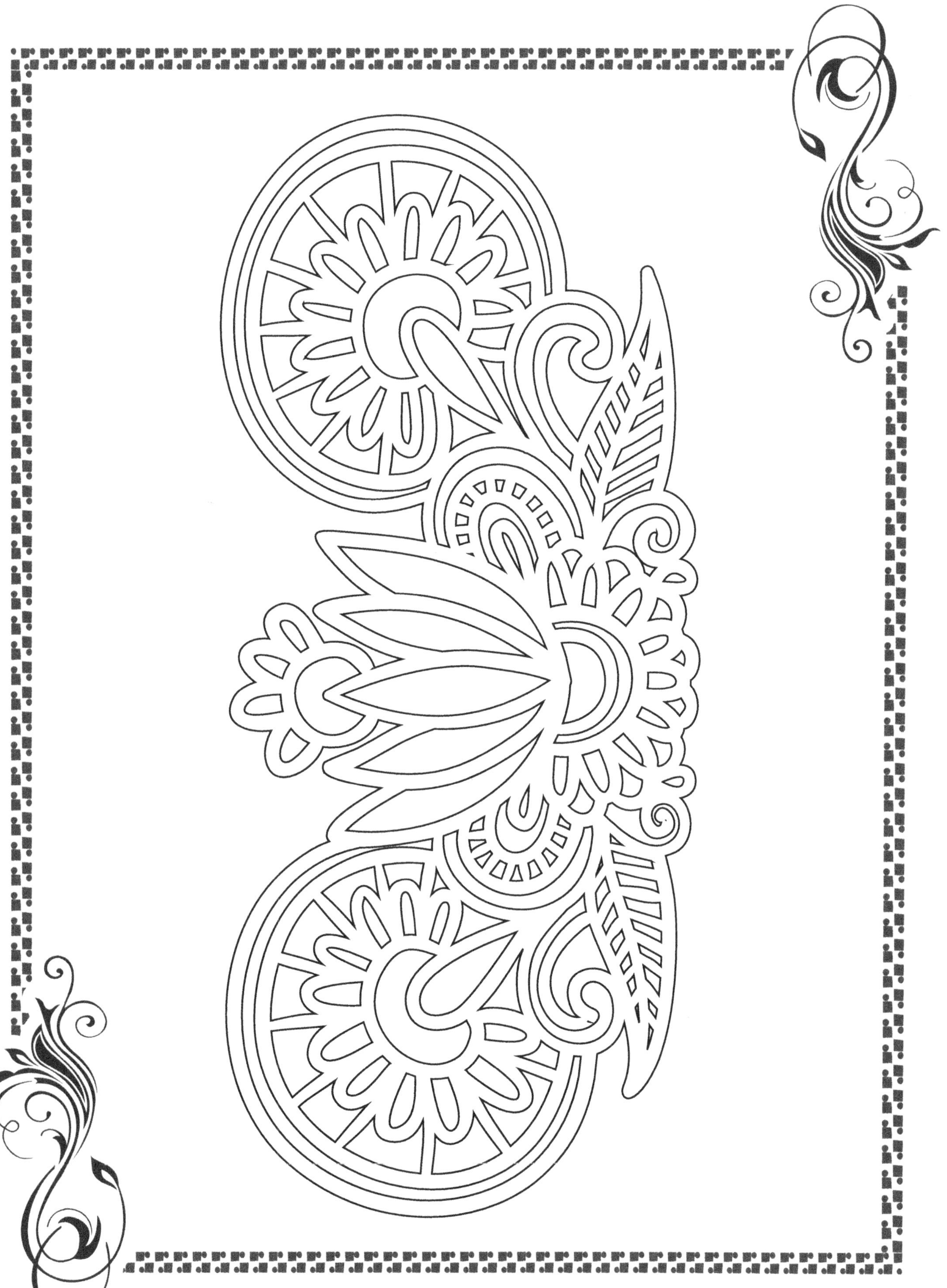

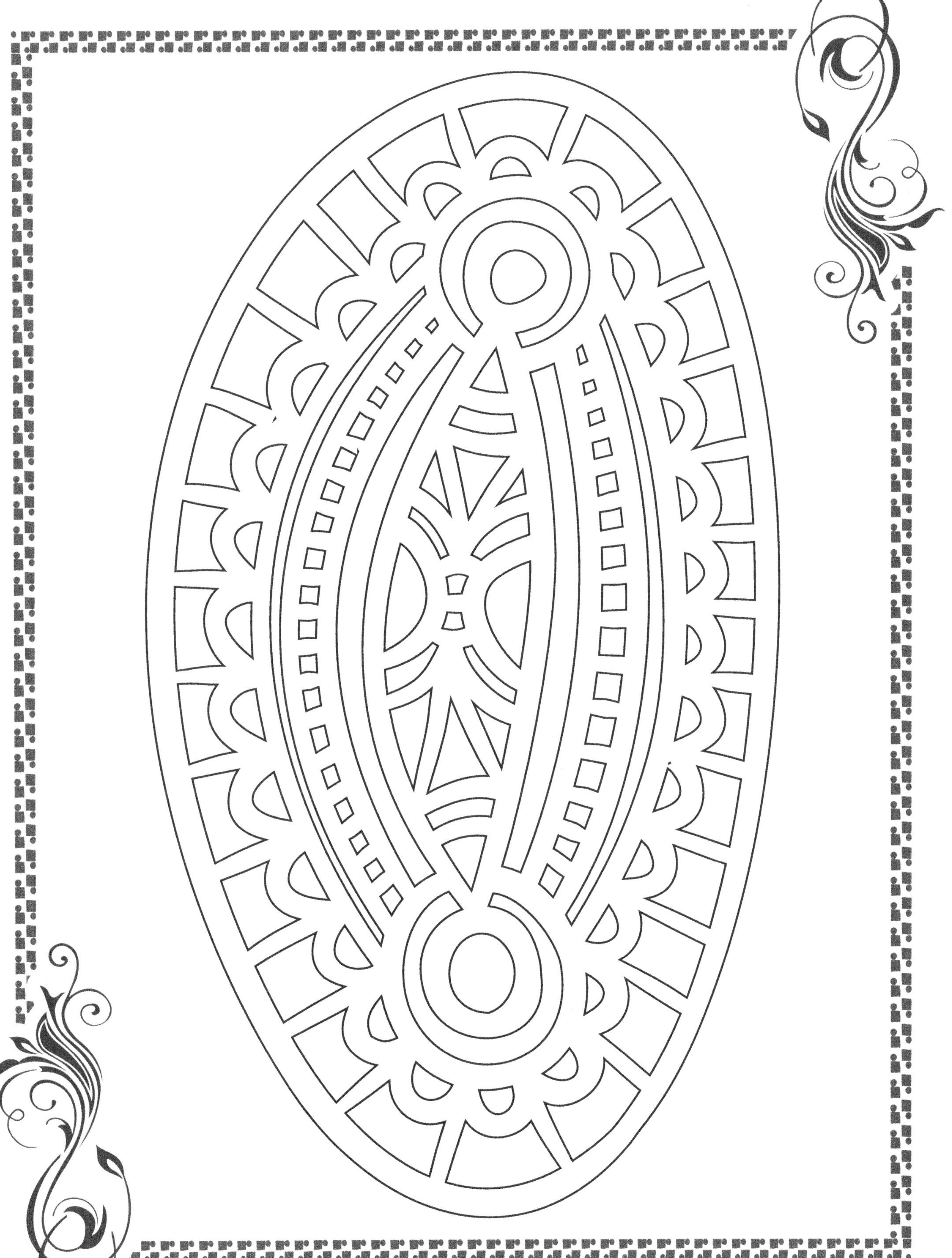

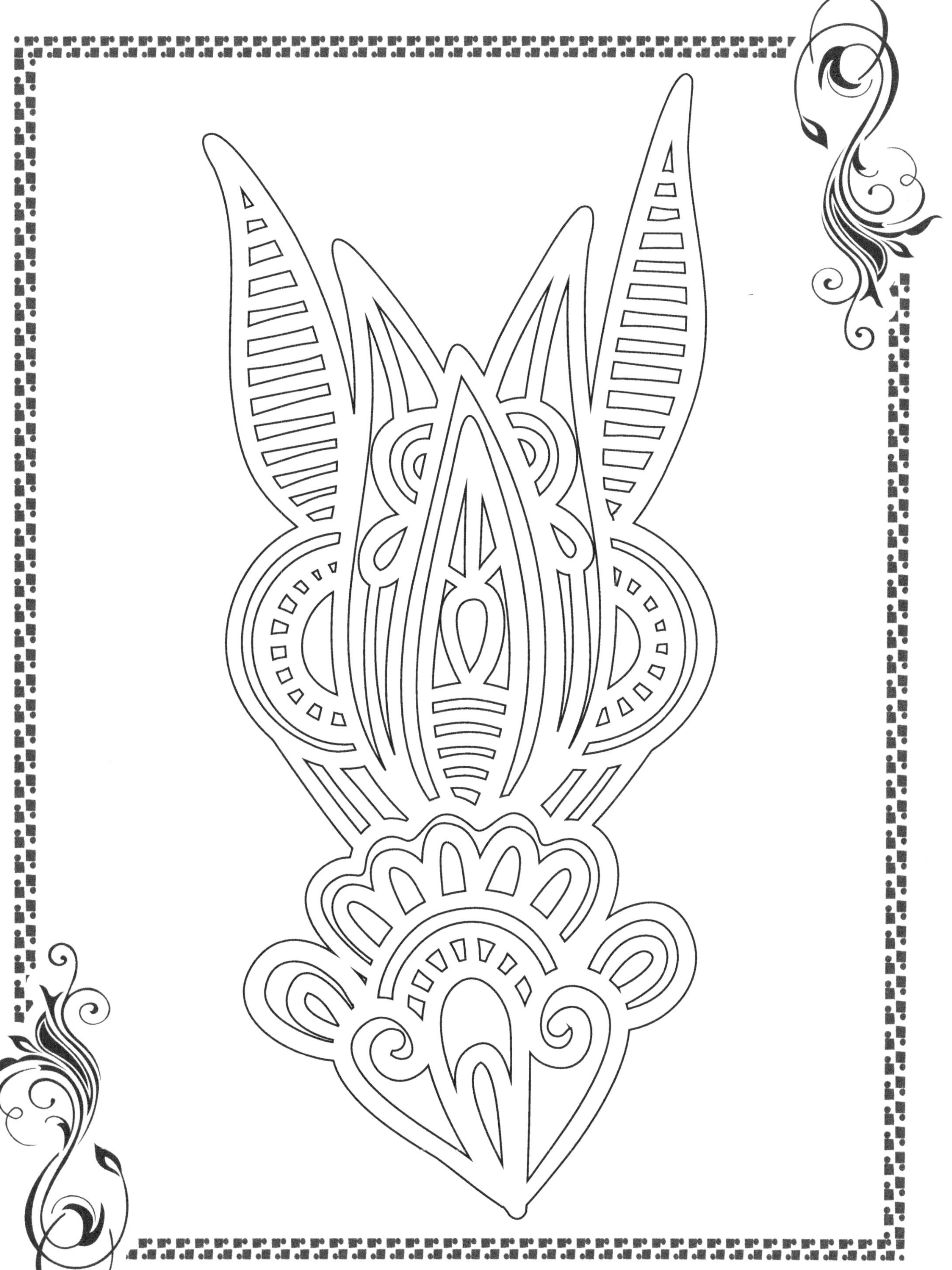

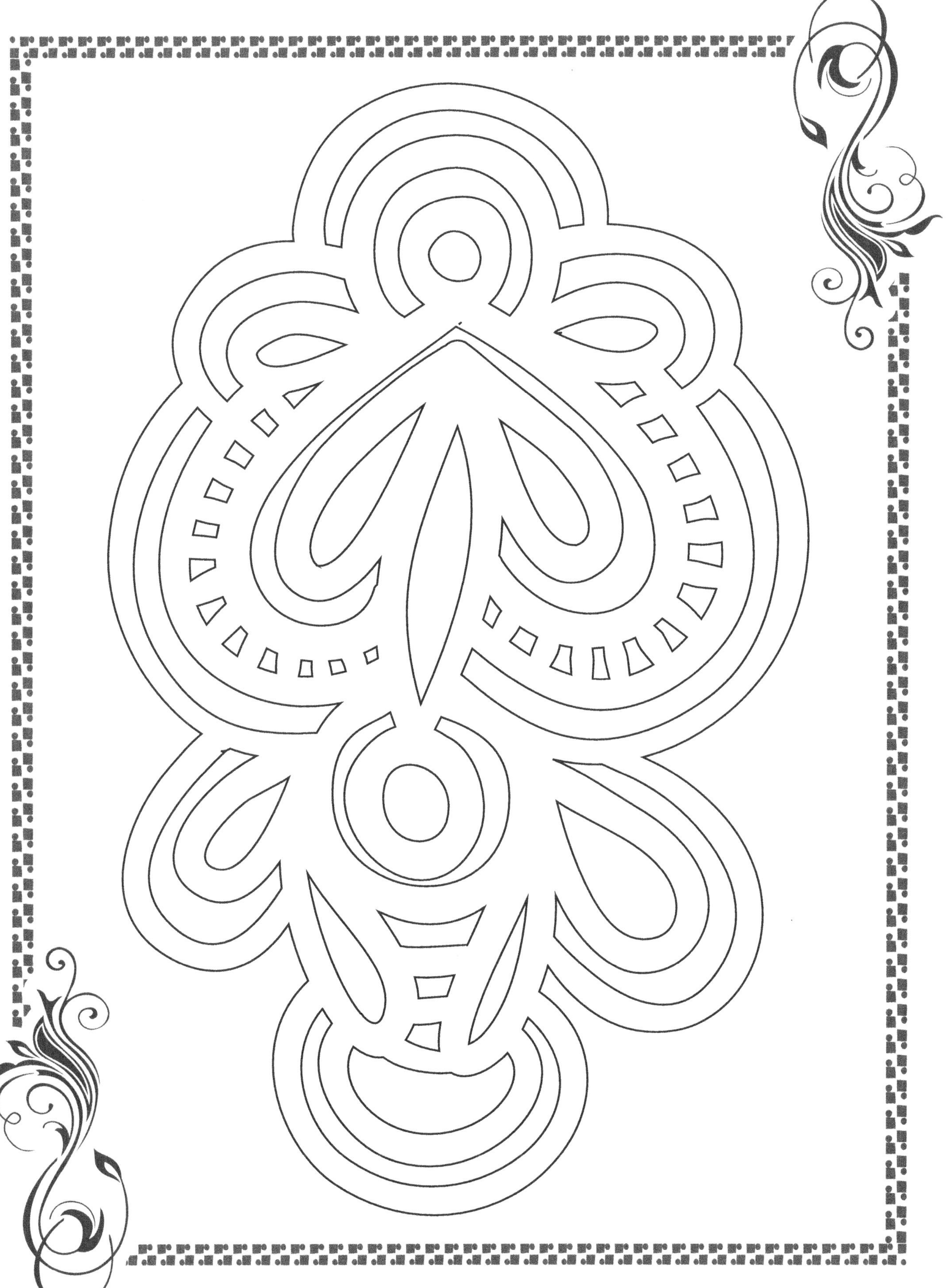

Se trata de un sangrado a través de la página si está usando un colorante marcador o pluma!

Encontrar otros títulos grandes por busca de Bandido Para Colorear en tu favorito libro minorista

Amazon.Ca | Barnes & Noble (BN.Com) | Libros 1 Millón (BAM.Com)

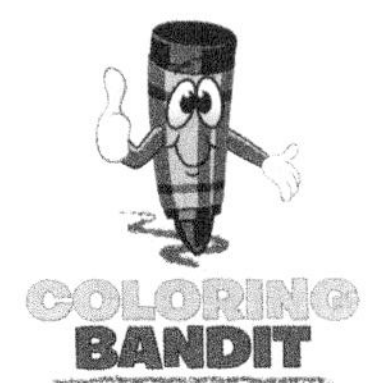

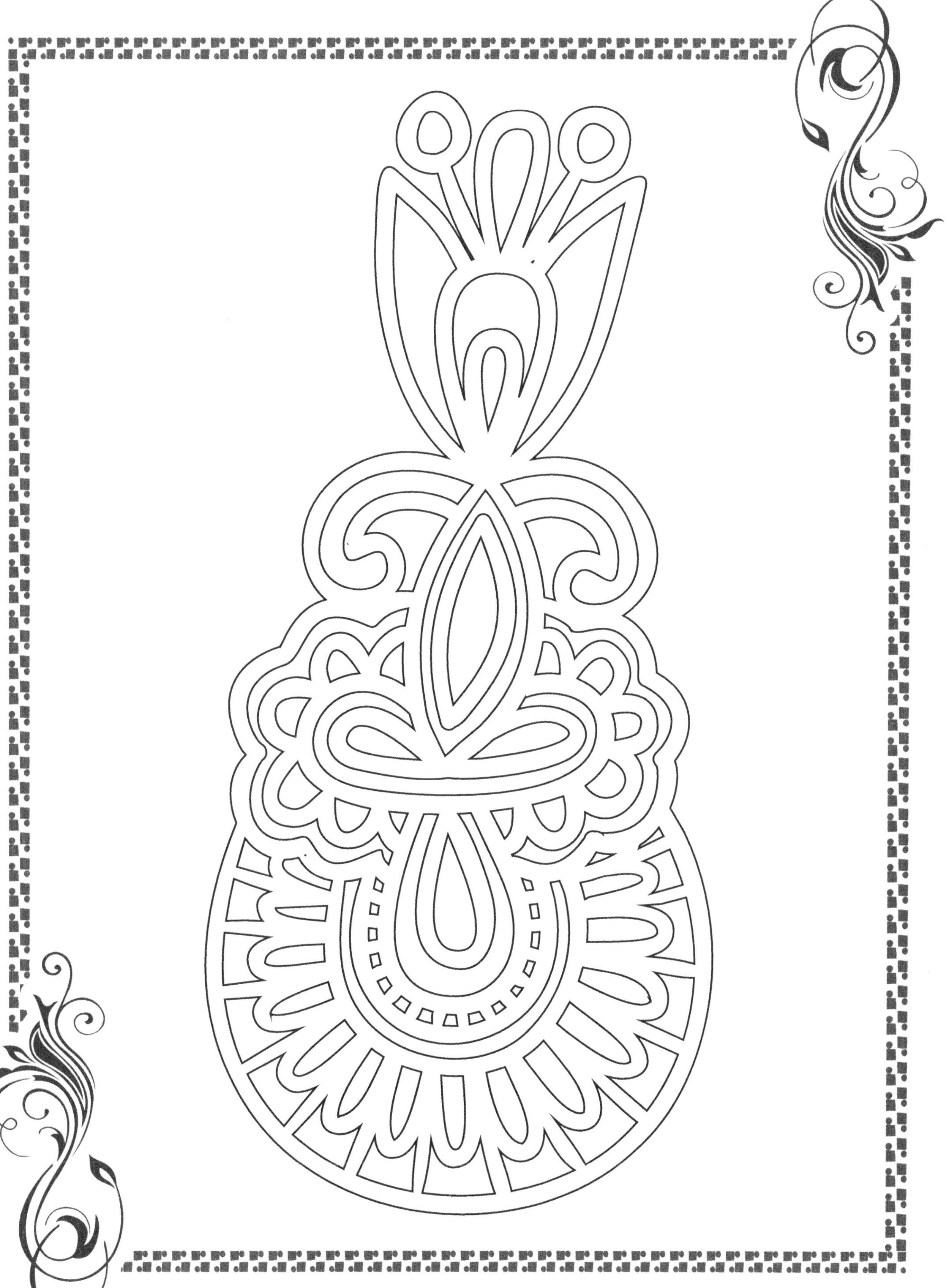

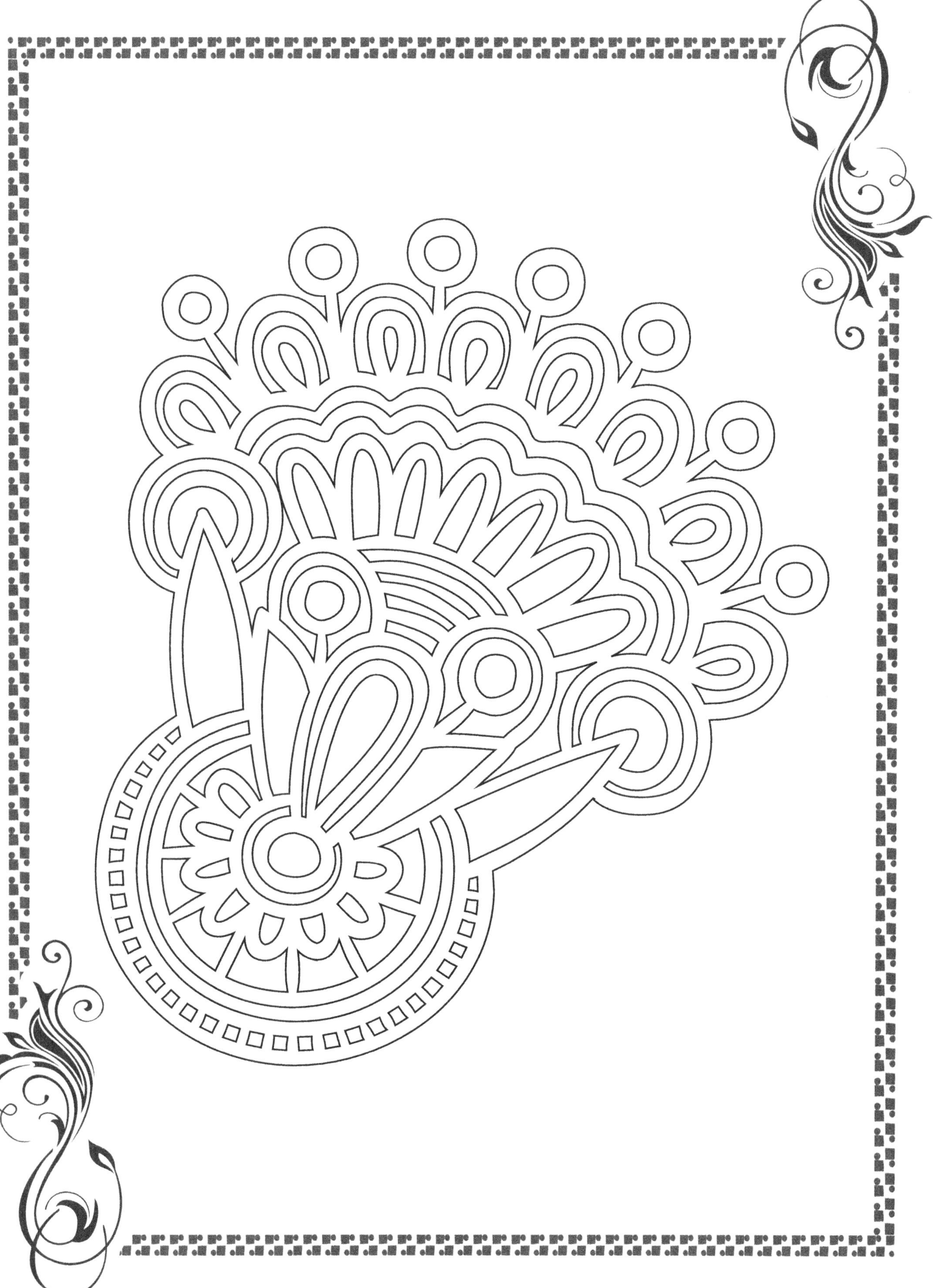

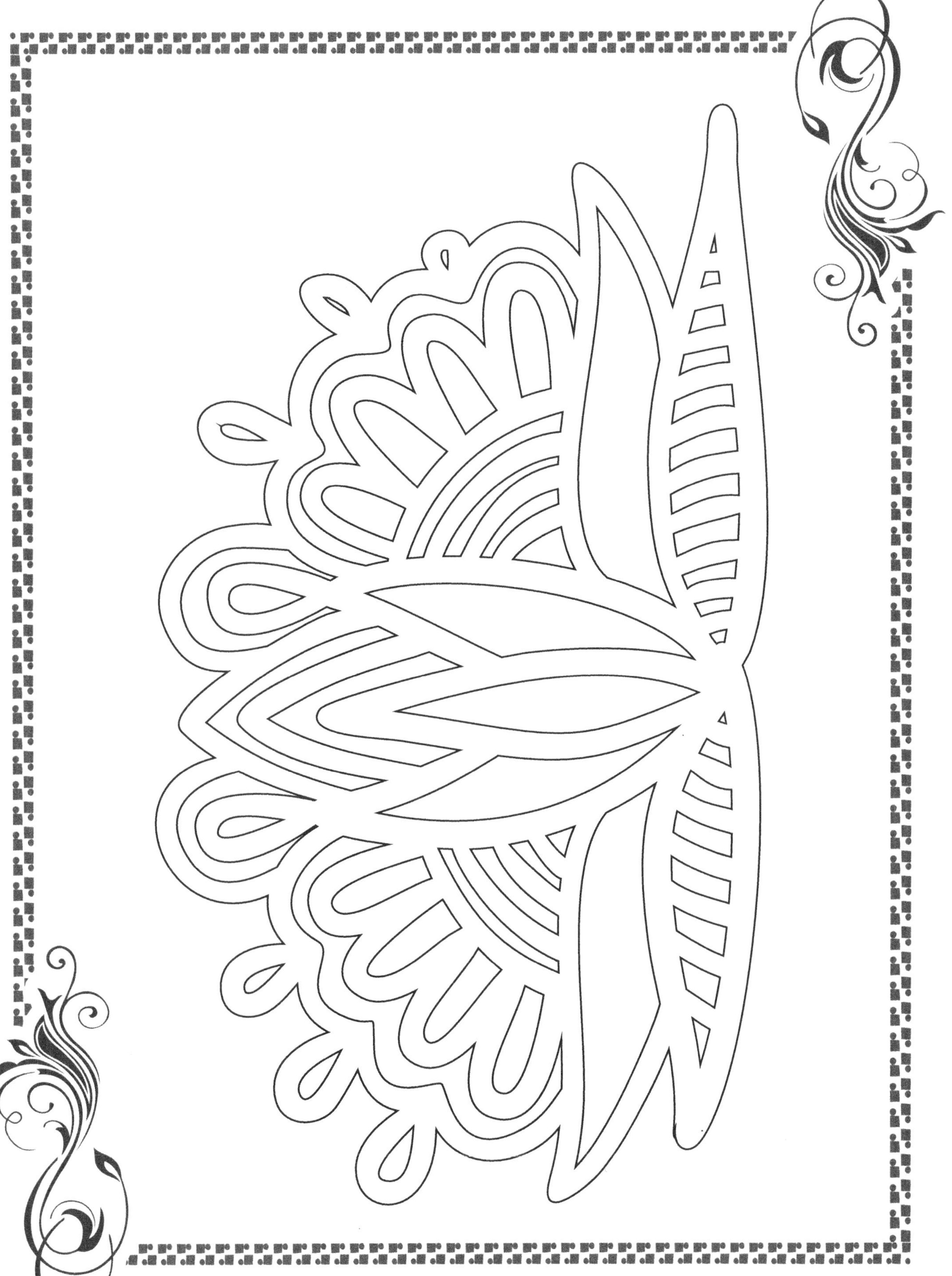

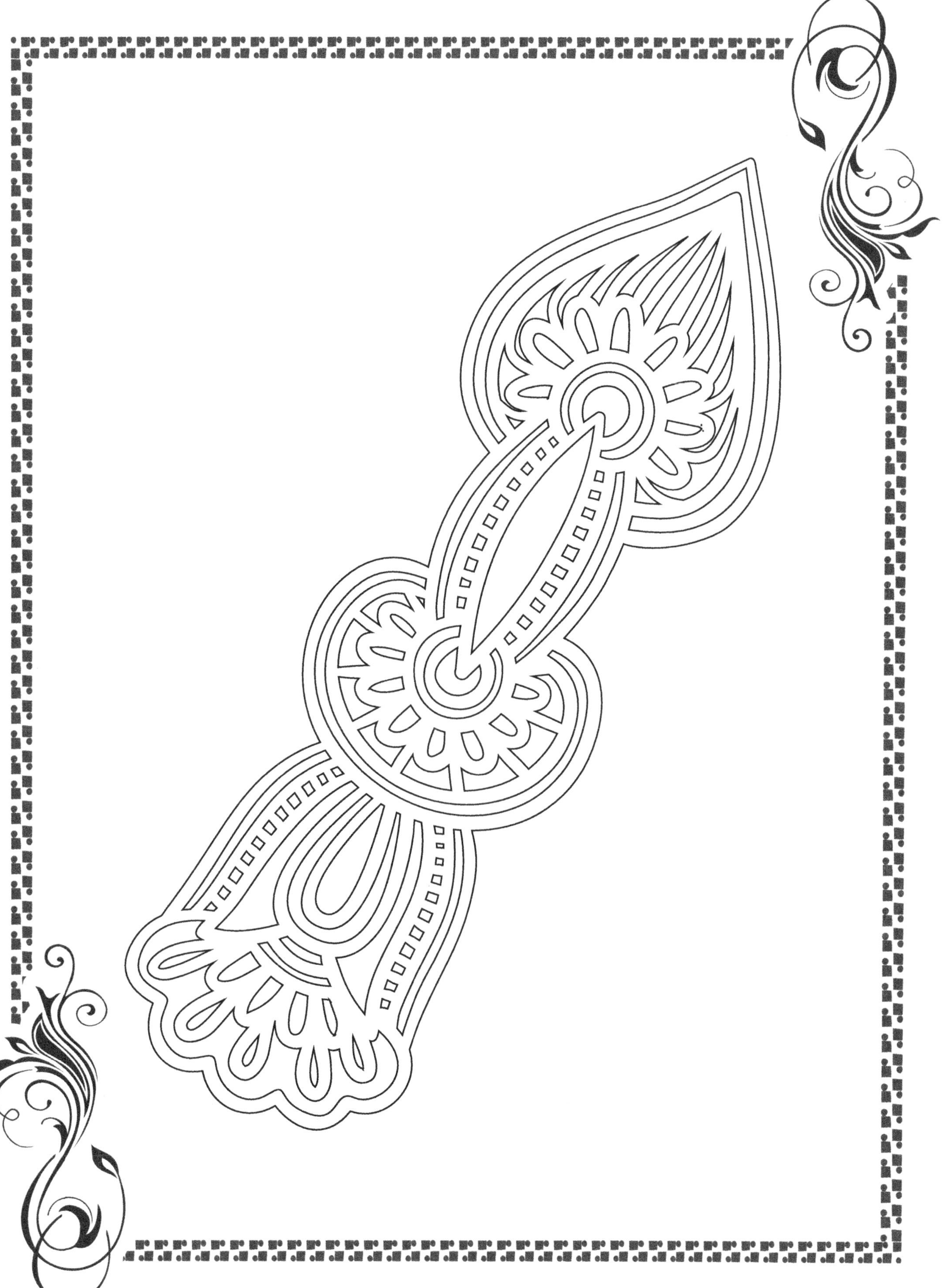

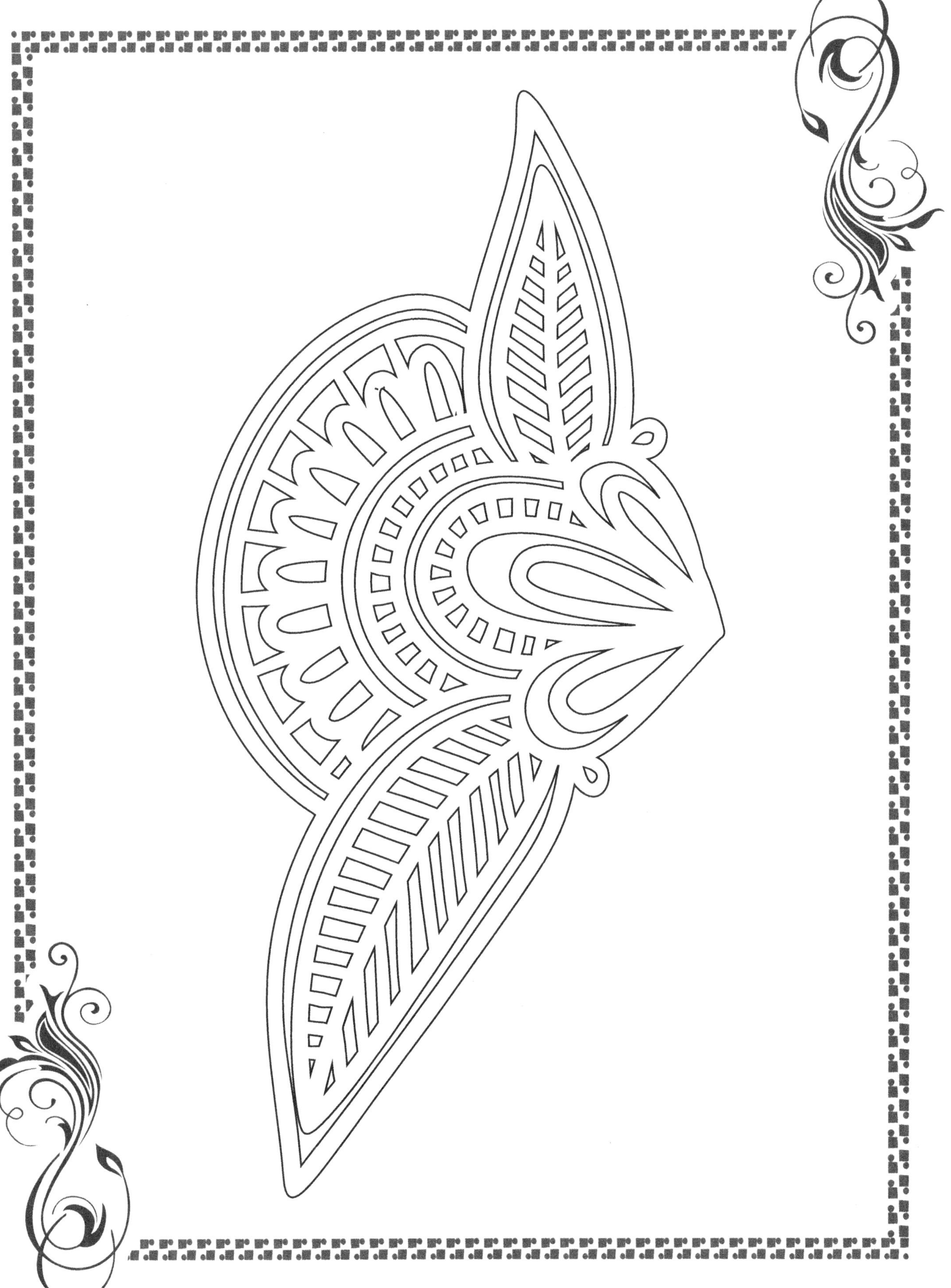

Se trata de un sangrado a través de la página si está usando un colorante marcador o pluma!

Encontrar otros títulos grandes por busca de Bandido Para Colorear en tu favorito libro minorista

Amazon.Ca | Barnes & Noble (BN.Com) | Libros 1 Millón (BAM.Com)

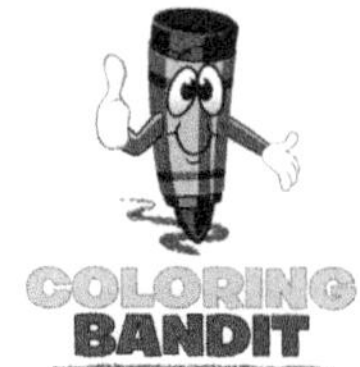

Made in the USA
Monee, IL
07 July 2026

56544412R00059